COMPTE RENDU

SUIVI

DE RÉFLEXIONS SUR LE BUT DE L'UTILITÉ PRATIQUE

DANS L'ENSEIGNEMENT,

Par M. BOUILLIER,

CORRESPONDANT DE L'INSTITUT,

DOYEN DE LA FACULTÉ DES LETTRES.

LYON
IMPRIMERIE D'AIMÉ VINGTRINIER
Quai Saint-Antoine, 36.

1858

COMPTE-RENDU

SUIVI

DE RÉFLEXIONS SUR LE BUT DE L'UTILITÉ PRATIQUE

DANS L'ENSEIGNEMENT,

PAR M. BOUILLIER,

doyen de la Faculté des lettres.

Ces comptes-rendus, où je reproduis fidèlement, non pas mes impressions personnelles, mais les impressions et les jugements de la Faculté tout entière, présentaient, depuis plusieurs années, sous des couleurs assez sombres, la situation des études littéraires jugées d'après l'épreuve décisive qui en est le but et l'achèvement. C'étaient, si vous vous en souvenez, des plaintes peu variées sur l'abaissement des études, sur la décadence du grec, du latin, de la philosophie ; c'étaient des avertissements sévères pour la jeunesse, qui les prenait en bonne part, je dois lui rendre cette justice, sachant le sentiment qui les inspirait ; c'étaient enfin, pour conclusion, des chiffres menaçants d'échecs et d'ajournements. Vous en étiez sans doute fatigués, j'en étais fatigué bien plus encore.

Aussi combien suis-je heureux d'avoir aujourd'hui à faire des compliments et non des reproches, et d'annoncer la bonne nouvelle que les études classiques sont en meilleure voie à un auditoire qui s'intéresse si vivement à leurs destinées !

Depuis bien longtemps, jamais peut-être depuis que la Faculté existe, les résultats des examens du baccalauréat ès-lettres n'avaient été aussi satisfaisants que cette année.

En effet, 81 candidats sur 133, c'est-à-dire près des deux tiers ont été admis ; dix ont obtenu la mention *bien*, ce sont MM. Dumot, Salomon, Guiremand, Lespinasse, Aubert, Dormand, Genevey, Amadieu, Bardollet et Naville de Genève ; trois ont obtenu la mention *très-bien*, MM. Pardon, de l'institution des Chartreux, Lapaire, du lycée de Lyon, et Chassain, du collége de Roanne.

Les résultats de la licence, comme ceux du baccalauréat, ont été meilleurs ; neuf candidats se sont présentés, et quatre ont été admis, M. l'abbé Morin, de l'école des Carmes, M. l'abbé Rabbe, et MM. Minet et Couty, tous deux maîtres répétiteurs au lycée de Lyon.

Nous avons reçu deux docteurs, M. Duparay, professeur de rhétorique au collége de Châlons, et M. Grenier, professeur de rhétorique au lycée de Clermont. La thèse française de M. Duparay est une étude intéressante et complète des vues de Corneille sur l'art dramatique, d'après ses discours, ses examens et ses préfaces. La thèse de M. Grenier sur la vie et les poésies de saint Grégoire de Nazianze est un livre où il y a beaucoup d'élégance, de vivacité, de verve; dont toutes les parties offrent de l'intérêt, et quelques-unes de la nouveauté.

Mais d'accord avec M. Grenier, sauf quelques détails et certaines exagérations, sur l'ensemble de la thèse française, la Faculté tout entière a été en dissidence avec lui sur le fond même de sa thèse latine, *De descriptionibus apud Homerum*, où il soutient que les épithètes homériques n'ont aucune valeur, qu'elles sont mises au hasard, et qu'Homère, ce poète primitif, n'a pas décrit la nature qu'il avait sous les yeux, mais je ne sais quelle nature de fantaisie. Une latinité excellente et digne d'un ancien grand prix de l'Université, a atténué à nos yeux la gravité de ce paradoxe anti-homérique.

A qui, Messieurs, revient l'honneur de cette renaissance des études littéraires? Aux efforts de M. le ministre de l'Instruction publique pour relever l'enseignement des lettres du discrédit dont il était frappé, aux modifications heureuses du programme, aux mesures réparatrices énumérées dans mon rapport de l'année dernière, et qui déjà portent tous les fruits que nous en espérions.

A toutes ces mesures une autre est venue récemment s'ajouter, plus significative encore, le rétablissement, pour les étudiants en médecine, du baccalauréat ès-lettres, qui maintiendra le corps médical à la hauteur d'où un degré moindre de culture littéraire aurait pu le faire déchoir.

Quoiqu'il ne soit pas convenable de se louer soi-même,

j'ose dire que, de son côté et pour sa part, la Faculté des Lettres de Lyon a peut-être contribué à ce progrès, par la suite, par la fermeté avec lesquelles, dans les plus mauvais jours, elle a maintenu sans fléchir le niveau de ses grades (1).

Permettez-moi, Messieurs, d'ajouter ici quelques courtes réflexions inspirées par le même esprit qui a présidé aux nouvelles mesures de M. le Ministre de l'Instruction publique, et en même temps quelques conseils, non plus aux candidats, auxquels, depuis dix ans, j'en ai déjà beaucoup donné, mais à nos jeunes bacheliers qui quittent aujourd'hui l'école pour le monde et les études classiques pour les travaux et les soucis d'un état. Nulle part ces réflexions et ces conseils ne me semblent mieux à leur place qu'en une pareille solennité où se trouvent réunis tous les amis les plus éclairés des sciences, des lettres et de la jeunesse.

Le dégoût des études générales et spéculatives est un des caractères de notre temps. De là le discrédit non seulement des études littéraires, non seulement de la philosophie, mais encore de toute la partie théorique des

(1) Je mentionne ici, suivant l'usage les divers travaux des professeurs de la Faculté en dehors de leur enseignement.

M. de Laprade, membre de l'Académie-Française, a publié un nouveau volume de poésies, intitulé : *Idylles héroïques*, Paris, 1858, in-12.

M. Dareste de la Chavanne, une seconde édition considérablement augmentée de son *Histoire des classes agricoles*, Paris, Guillaumin, in-8.

M. Philibert Soupé, suppléant de M. de Laprade, *Tableau de la littérature dramatique en Europe*, Paris, Durand, in-12.

M. Heinrich a fait deux lectures sur Schiller, à l'Académie de Lyon.

M. Bouillier a publié un Mémoire, lu à l'Institut, sur l'*Unité de l'âme pensante et du principe vital*, Paris, Durand, in-8.

sciences, des démonstrations, des méthodes et des considérations générales, et enfin de toute culture de l'esprit pour l'esprit lui-même. On ne fait cas que des connaissances pratiques, que des études spéciales et que de ce qui mène le plus vite à ce qu'on estime le plus pressé, à un état, au gain et à la fortune. Prenons garde que bientôt on ne puisse dire, de l'éducation d'aujourd'hui ce que Quintilien disait de l'éloquence de son temps: *Nec quia sit honesta et pulcherrima petitur ipsa, sed ad vilem usum et sordidum lucrum accingimur* (1).

C'est Messieurs, l'honneur de l'Université de résister à cette tendance, et si, par hasard, elle en avait reçu quelques atteintes, ce sera l'honneur du Ministre actuel de les faire disparaître.

N'allez pas croire, d'après ce début, que, perdu dans les nuages, qu'étranger à la réalité, je méprise, je rejette les connaissances pratiques, les études spéciales et professionnelles. Je ne méconnais ni les besoins de la société ni ceux des individus. Je sais qu'il faut à la société des hommes spéciaux, et aux individus des états pour vivre; je sais qu'avec les seules généralités l'homme le plus habile est exposé à mourir de faim, qu'on ne vit en notre monde, que par les spécialités, et enfin que les études spéciales sont nécessaires à la connaissance approfondie et aux progrès de chaque science en particulier.

Je ne songe donc pas à les exclure, mais seulement à mettre en garde contre leurs empiètements et leurs usur-

____

(1) *Instit. or.*, lib. 1, 12.

pations. J'approuve les études spéciales, pourvu qu'elles ne viennent qu'après une certaine culture générale de l'esprit ; je fais cas des applications et des procédés pratiques, mais après les principes dont ils sont la conséquence, après les théories qui les relient, qui les expliquent et les éclairent. Remarquez, Messieurs, qu'ici il ne s'agit pas de l'enseignement primaire à aucun degré, mais d'un enseignement plus élevé qui a pour but de former des hommes appelés à travailler de la tête et non des mains, à penser pour ceux qui malheureusement ne pensent pas, à remplir toutes les carrières libérales ; prenez garde encore que je m'adresse à des classes qui ont des ressources et du loisir pour l'étude. J'apprécie autant que qui que ce soit l'enseignement de notre grande école de La Martinière, si bien approprié aux besoins de ceux qui le reçoivent ; mais ce qui est bon, ce qui est excellent à La Martinière, serait détestable dans un lycée.

L'inutilité, voilà le redoutable anathème qu'on a lancé sur les lettres, sur la philosophie, sur les études théoriques en général ; l'inutilité, voilà ce qui les empêche de trouver grâce auprès d'un certain nombre d'hommes positifs. Sans doute, Messieurs, l'utilité doit être la fin de tous les systèmes d'études et de toutes les méthodes. Qui le nie ? Qui jamais a pris parti pour un enseignement inutile ? Mais quelle doit être la nature de cette utilité ? Voilà sur quoi il importe de s'entendre ; voilà la question.

Pour parler suivant le goût du jour, j'accorderai que l'éducation doive être professionnelle. En effet, il est une profession qui nous est commune à tous, qui est de tous les temps, de tous les lieux, de toutes les conditions, une profession qui domine toutes les autres et dont les sévères obligations s'imposent à chacun de nous. Quelle est, Messieurs, cette grande, cette universelle profession? Ce n'est pas celle d'ingénieur, de teneur de livres, de soldat, d'avocat, c'est celle d'homme, c'est celle d'être raisonnable. Être homme, être véritablement homme par le perfectionnement de la raison, par l'esprit et le cœur, n'est-ce pas là pour tous la grande affaire, n'est-ce pas là l'utilité suprême, si toutefois ce mot d'utilité, selon la remarque de Mme de Staël, est assez noble pour exprimer les besoins de l'âme? Il est étrange qu'il faille rappeler, qu'il faille défendre une vérité consacrée par tant d'autorités, depuis Quintilien jusqu'à la Logique de Port-Royal et à Rollin, depuis Rollin jusqu'à notre grand et immortel fondateur, jusqu'à Napoléon, une vérité qui semblait devoir être à tout jamais, et pour tous, la base d'une sage éducation.

Considérez cependant ce qui doit arriver quand on a le malheur de l'avoir un instant méconnue; voyez à quels tiraillements, au gré de toutes les modes et de tous les intérêts, l'enseignement public sera en proie; voyez comme chacun voudra l'attirer à soi, en faire une sorte de pépinière exclusive au profit de telle ou telle carrière, y ajouter ou en retrancher quelque chose à sa guise! Faut-il s'en étonner, l'utilité pratique ayant précisément pour caractère de varier d'individu à individu? Si donc vous la prenez pour but de l'éducation générale, comment ferez-vous d'une manière équitable toutes les parts, comment, en contentant les uns, ne pas mécontenter les autres? Vous me contraignez à apprendre l'arpentage, aux dépens peut-être de la science des principes de la géométrie, et jamais de ma vie je n'aurai un

arpent à mesurer. Vous m'apprenez l'anglais, et non le
latin, sous ce même prétexte d'utilité pratique; c'est
l'espagnol, dont j'ai besoin pour voyager, pour com-
mercer et pour vivre.

Ainsi le système de l'utilité pratique est un système
menteur, qui souvent va précisément au rebours des
besoins et de l'utilité pratique particulière de chacun. Où
donc est ici l'équité, où est la conformité réelle, et même
possible, à ce but chimérique auquel ce qu'il y a de
plus excellent dans l'homme est si impitoyablement
sacrifié ? La justice distributive, qui consiste à n'ensei-
gner à chacun que ce dont chacun a également besoin,
ne peut exister dans l'éducation commune, qu'avec le
principe de l'utilité intellectuelle et morale.

Pour atténuer cet inconvénient, on hâte, on multiplie
les spécialités. Qu'arrive-t-il? On tombe dans un incon-
vénient plus grand encore, on force les enfants et les
familles à faire un choix qui décide de l'avenir quand
tous les éléments manquent encore aux uns et aux autres
pour prendre cet engagement décisif et fatal, et pour
prononcer, en connaissance de cause, des vœux perpé-
tuels. Spécialités prématurées, contrainte des vocations,
choix aveugle, voilà donc encore des conséquences
nécessaires d'un système d'éducation où prédomine ce
point de vue inférieur, ce point de vue faux de l'utilité
pratique.

Cependant, au milieu de tout cela, que devient l'es-
prit lui-même ? que devient « ce fonds, comme dit
Rollin, que tout homme qui sent la noblesse de son
origine et de sa destinée, est chargé de mettre en valeur,
ce fonds si riche et si fertile, si capable de productions

immortelles, et seul digne de toute son attention ? »
Soumis à un enseignement plus ou moins mécanique,
il en sortira incapable de saisir la raison des choses, d'en
embrasser plusieurs d'une seule vue, d'aller d'un prin-
cipe à une conséquence, d'apprendre et de trouver
quoi que ce soit par lui-même. La mémoire est accablée,
l'esprit demeure vide.

Ajoutons que rien, en général, ne s'enseigne plus
difficilement sur les bancs de l'école que les applications
et les procédés pratiques. C'est le besoin, l'habitude,
l'expérience qui seront un jour les meilleurs maîtres.
D'ailleurs ce que l'esprit sait de la sorte, ne repose que
sur un fondement bien fragile, celui de la mémoire. Que
la mémoire fasse défaut, tout est perdu sans retour, tout
s'évanouit sans laisser de traces, car l'esprit n'a pas appris
à apprendre, et il n'a point de voie pour le retrouver.
C'est sans doute une belle et excellente chose que la
mémoire. Non seulement sans la mémoire il arrive-
rait, ce que Voltaire s'amuse à décrire, dans sa spiri-
tuelle allégorie de l'*Aventure de la Mémoire*, une
perturbation, un embrouillement général de toutes les
relations humaines. Mais à vrai dire, aucune connais-
sance ne serait possible, ou du moins toute connaissance
aussitôt formée, aussitôt s'évanouirait. Je n'ai donc
garde de lui faire son procès. Et cependant tel est le
rôle qu'elle joue aujourd'hui, au détriment de facultés
supérieures, dans l'enseignement et dans les examens,
et si souvent nous nous trouvons face à face avec elle
toute seule, que j'ai peine, je l'avoue, à lui rendre
hommage et à ne pas laisser ici même percer contre
elle ma mauvaise humeur. Puisse me le pardonner la

déesse Mnémosyne, cette fille du Ciel et cette mère des Muses !

Mais alors même que la mémoire demeurerait fidèle, ne suffira-t-il pas de la moindre circonstance qui varie, d'une seule donnée qui ne sera plus identiquement la même, pour que l'esprit se trouble et s'embarrasse dans l'application du procédé dont il ignore la théorie. Laplace a dit : les méthodes générales sont aussi les plus courtes et les plus simples ; rien jusqu'à présent n'a prouvé le contraire.

Ces objections n'atteignent pas, il est vrai, les études spéciales théoriques qui, loin d'exclure la force et la profondeur, en sont, à un certain degré, la condition presque nécessaire. Mais, prenons garde, nous voici en présence d'un autre danger. Si ces études exclusives et spéciales sont commencées avant le temps, si elles ne sont pas entées, pour ainsi dire, sur une préparation générale de l'esprit, elles pourront donner la force, mais, j'en ai peur, aux dépens de la justesse.

Que diriez-vous, Messieurs, d'un système de gymnastique qui exercerait les jambes et non les bras, le bras gauche et non le bras droit ? Or, tel est, à mes yeux, un système d'enseignement qui, rompant l'équilibre naturel et l'exercice harmonieux des facultés, commence, dès le principe, par en développer une aux dépens de toutes les autres ? Voyez ce monstre, chez lequel un organe développé outre mesure a absorbé la nourriture de tous les autres ; c'est l'image fidèle d'un esprit formé sous un pareil régime.

Qui n'est habitué qu'à manier certains principes, par exemple les principes nets et simples des mathématiques, bien souvent s'égare, et même s'expose à extravaguer, quand transportant cette méthode hors de son domaine propre, il l'applique à des principes et à des choses beaucoup plus complexes qui n'en sont pas susceptibles. Aussi que d'esprits droits en un ordre d'idées, sont faux en tout le reste ! Méfiez-vous, l'expérience l'a prouvé, des raisonnements et des systèmes d'un mathématicien ou d'un chimiste trop exclusifs dans les questions sociales et politiques. Quel n'est pas leur penchant à traiter, à combiner les hommes comme des unités abstraites ou des molécules ! D'un autre côté, qui est étranger aux mathématiques pourra bien manquer d'attention, de force, de rigueur, pour saisir un principe abstrait, pour en déduire toutes les conséquences. Mais je vous renvoie à un grand géomètre, à Pascal, et à son admirable analyse de la différence de l'esprit de géométrie et de l'esprit de finesse (1). Ne craindrez-vous pas aussi que l'élève en médecine tout à fait étranger aux sciences de l'esprit, ne soit disposé à croire qu'il n'y a au monde que la matière et des choses visibles, et que le corps est l'homme tout entier ?

Tel est donc le grand écueil des études exclusives. L'amplitude, la justesse générale de l'esprit, l'exactitude du jugement, cette qualité si précieuse et si rare, au dire de la Logique de Port-Royal, ne s'acquièrent qu'au prix de ce perfectionnement général de la raison qui doit être le but des études classiques. Voilà pourquoi elles doivent mettre en jeu toutes les facultés de l'intelligence, initier l'esprit à toutes les méthodes, suivant la

(1) Pensées, page 101, édit. Havet.

diversité des objets que présentent l'homme et la na-
ture, et posséder une sorte d'universalité en petit, par
l'union, dans une certaine mesure, des mathématiques
et des sciences physiques avec les lettres et la philo-
sophie.

Ainsi, Messieurs, rien n'importe plus en réalité dans
l'enseignement que ce qui importe le moins, ou même
que ce qui est nuisible, suivant certains esprits, à savoir
les explications, le raisonnement, les théories ; ainsi,
dans l'intérêt de l'amplitude de l'esprit, de la justesse
et de l'exactitude du jugement, dans l'intérêt même
d'une certaine harmonie et d'une sorte d'unité morale
des intelligences, serait-il à souhaiter qu'on pût reculer
davantage ce moment si critique des études spéciales,
pour diriger sous une même discipline, pour faire marcher
de front vers un même but, le plus longtemps possible,
la jeunesse tout entière de nos lycées. Combien vite,
avec des esprits plus forts et mieux préparés, les études
spéciales ne regagneront-elles pas le temps que je
semble vouloir leur ravir ! Nulle part on ne le sait
mieux que dans ce grand lycée de Lyon où, chaque
année, nous voyons les premiers numéros de l'École
Polytechnique conquis par les meilleurs bacheliers ès-
lettres.

Mais s'il n'est pas bon de commencer, il est bon, au
contraire, de finir par une étude spéciale, par une
étude de choix et de prédilection, qui excite, qui
passionne l'esprit, qui l'entretienne actif et éveillé jus-
qu'au terme de notre vie. Je ne parle plus des études
spéciales nécessaires pour telle ou telle carrière, pour
le droit, la médecine, les ponts et chaussées, etc., mais

des études spéciales, libres et volontaires, en dehors des occupations professionnelles de chacun.

Je m'adresse donc maintenant, aux jeunes gens munis de leurs diplômes, qui vont embrasser un état et se gouverner eux-mêmes. Jeunes bacheliers, en quelque carrière que vous entriez, dans le commerce et dans l'industrie, comme dans le barreau, la magistrature et la médecine, gardez-vous bien de jeter tous vos livres ; mais faites un choix et ménagez soigneusement dans votre existence un petit coin pour les choses de l'esprit. Le goût de l'étude n'est-ce pas un des fruits les plus précieux, qu'en franchissant la porte du lycée, vous deviez emporter avec vous ? Ne prétextez pas les affaires, n'alléguez pas le manque de temps, voyez combien en perdent les plus occupés, voyez combien il en reste pour les plaisirs !

Gardez donc ou créez-vous une étude de prédilection ; c'est le feu sacré qu'il ne faut jamais laisser éteindre. Si vous ne vous sentez pas propres aux hautes spéculations de la philosophie, cultivez une langue, une littérature, ancienne ou moderne ; rassemblez des matériaux pour l'histoire de votre pays, travaillez à l'histoire d'une époque, d'une ville, d'un château, d'une ruine ; ou bien tournez-vous du côté de la géologie, de la chimie, de l'histoire naturelle, ayez votre laboratoire, classez des fossiles, des minéraux, des plantes, des insectes. Labruyère se moque d'un amateur d'insectes, le premier homme de l'Europe pour les papillons, qui en a de toutes les tailles et de toutes les couleurs et qui est plongé dans une amère douleur par la mort d'une chenille, et quelle chenille ! (1) Eh bien, j'aimerais mieux que, vous aussi, vous devinssiez épris de cette chenille, que de n'avoir aucun goût, aucune passion, en dehors de vos affaires et de vos plaisirs !

Toute l'histoire littéraire de notre ville et de notre Académie, dans le présent comme dans le passé, semble venir éloquemment à l'appui des conseils que je vous donne, par les nombreux et célèbres exemples qu'elle vous offre de la possibilité de l'étude dans toutes les situations de la vie ! Voyez parmi nos médecins les praticiens les plus habiles et les plus occupés trouver du loisir pour les lettres, pour les questions de morale (2), pour les travaux d'érudition. Parmi nos commerçants et nos industriels, il en est dont le nom est cité avec honneur en économie politique, d'autres qui se sont signalés par de fécondes applications de la science à l'industrie, d'autres enfin qui sont célèbres en France et en Europe par leurs belles collections de livres ou de médailles. Dugas-Montbel, le traducteur d'Homère, a été négociant ; Ballanche a été imprimeur.

Ce nom, Messieurs, nous en rappelle à tous un autre

---

(1) Chapitre de la Mode.

(2) Je n'avais pas osé nommer, de peur de blesser sa modestie, celui qui était ici présent à ma pensée. Mais, depuis cette séance, la mort nous l'ayant ravi, je dois dire que ce modèle proposé à la jeunesse, était M. le docteur Bonnet, correspondant de l'Institut, associé de l'Académie de médecine et le plus illustre représentant de la médecine lyonnaise. M. Bonnet a d'autant plus de droit, dans ce discours, à un pareil hommage que, depuis 1850, il n'avait cessé de défendre les mêmes idées avec toute l'autorité de sa haute position et de son talent, dans ses discours sur l'influence des sciences et des lettres dans l'éducation et sur l'oisiveté de la jeunesse.

déjà presque aussi glorieux, celui de M. de Laprade, notre collègue qui, comme je le prédisais devant vous, il y a deux ans, est allé remplir la place laissée vide par Ballanche à l'Académie française. Quoique avocat, quoique professeur, M. de Laprade n'a pas cessé d'être poète, et le voilà qui, grâce à ses beaux vers, va prendre place à côté de ces écrivains, de ces penseurs illustres sortis comme lui de l'Université, et dont les noms sont dans toutes les bouches. Puisque l'Université devait avoir aussi l'honneur de donner un poète à l'Académie française, à la place d'un autre que, malgré son talent, elle eût désavoué, ce poète devait être, comme M. de Laprade, en parfaite conformité avec le grand précepte de Boileau :

> Que votre âme et vos mœurs peintes dans vos ouvrages
> N'offrent jamais de vous que de nobles images.

Jeunes gens, si vous ne pouvez viser aussi haut, ce qui n'est donné qu'à un bien petit nombre, pourquoi n'aspireriez-vous pas à avoir un jour une place et à jouer un rôle dans ces Sociétés savantes de la province, dont l'importance grandit tous les jours ; pourquoi même n'élèveriez-vous pas vos prétentions jusqu'à cette Académie de Lyon, la plus grande de toutes en France après l'Institut, et où depuis près de deux siècles se sont succédé tant d'hommes célèbres dans les sciences et dans les lettres ?

Quand vous ne réussiriez pas à vous faire un nom dans la science, du moins vous serez-vous donné la plus noble, la plus douce, la plus pure des distractions. De combien de pensées mauvaises, de combien de tentations dangereuses, cet amour de l'étude ne vous aura-t-il pas préservés ? *Quanto plus delectationis habiturus,* dit Quintilien, que vous me permettrez de citer encore, *quam ex ineruditis voluptatibus! Dedit enim hoc Providentia hominibus munus ut honesta magis juvarent* (1).

Mais ce goût de l'étude, cet amour de la science est un fruit que jamais ne donnera un enseignement où le mécanisme l'emporterait sur le raisonnement, la routine et le métier sur la science. Revenons donc, Messieurs, de plus en plus à cette grande vérité, dont il est si dangereux de s'écarter, que le but de l'enseignement est avant tout de former l'esprit et le cœur. Gardons-nous, par une précipitation aveugle et inconsidérée, de mettre les moyens et les instruments à la place du but, et pour vouloir tout sacrifier à l'utilité, n'allons pas follement sacrifier l'utilité suprême !

(1) Inst. or., lib. I, V. xii.